CURRIES

Mehr als 30 Gewürze …

hat ein asiatischer Meisterkoch für seine Curries auf dem Gewürzbord stehen. Aber keine Angst, für die Currymischungen in diesem Buch kommen Sie mit viel weniger aus. Das Zerkleinern und Mischen geht mit unseren modernen Küchengeräten blitzschnell – ob im Blitzhacker, im Mixer oder in einer Kaffeemühle – die Sie dann aber nur zu diesem Zweck benutzen sollten. Sie können Ihre Curries aber auch ganz klassisch herstellen und die Gewürze im Mörser zerstampfen. Mit den Currymischungen von Seite 18 und 19 zaubern Sie Originalrezepte aus Indien, Indonesien und Thailand. Die Zutaten (siehe Glossar Seite 32) können Sie bei den Autoren dieses Buches bestellen (Bezugsquelle Seite 32).

BUNTES GEMÜSECURRY

➤ **indisch**

Vegetarisches für Indien-Fans

Zutaten für 4 Personen:

- *300 g Blumenkohl*
- *300 g Kartoffeln*
- *200 g rote Paprikaschoten*
- *2 Tomaten*
- *2 frische Chilischoten*
- *1 Stück frischer Ingwer (ca. 3 cm)*
- *200 g Zucchini*
- *200 g Möhren*
- *2 mittelgroße Zwiebeln*
- *8 EL Öl*
- *1 TL Fünfgewürzmischung (Panch Foron)*
- *4 TL Curry aus Indien (Seite 18)*
- *100 g tiefgekühlte grüne Erbsen*
- *3 EL Joghurt (3,5 % Fett)*
- *Salz*
- *1 TL Garam Masala*

ZUBEREITUNGSZEIT: 40 MIN.
GARZEIT: 30 MIN.
PRO PORTION ETWA: 1234 KJ/295 KCAL

1 Blumenkohl, Kartoffeln, Paprikaschoten, Tomaten und Chilies waschen und putzen. Blumenkohl in Röschen teilen. Kartoffeln schälen und würfeln, Paprikaschoten in Stücke schneiden. Tomaten vierteln, Chilies entkernen und in dünne Ringe schneiden, Ingwer schälen und fein reiben. Zucchini und Möhren schälen, Zucchini in dicke, Möhren in dünne Scheiben schneiden. Zwiebeln schälen und fein hacken.

2 Das Öl in einem Topf erhitzen. Die Fünfgewürzmischung und die Zwiebeln darin unter Rühren bei mittlerer Hitze dunkelbraun anbraten.

3 Kartoffeln, Blumenkohl, Zucchini, Möhren und Chilies in den Topf geben und unter Rühren 3 Min. anbraten. Curry, Ingwer und Tomaten unterrühren und 3–4 Min. anbraten.

4 Paprikaschoten, Erbsen und Joghurt nach und nach unterrühren. Mit 1/2 l Wasser aufgießen und salzen. Die Gemüsemischung zugedeckt bei mittlerer Hitze in 20 Min. weich kochen lassen. Zwischendurch umrühren, damit das Gemüse nicht anbrennt. Vor dem Servieren mit Garam Masala bestreuen. Dazu passt Reis oder Fladenbrot.

ROTE-LINSEN-CURRY

➤ **indisch**

Klassiker zum Sattessen

Zutaten für 4 Personen:

- *200 g rote Linsen (Masoor Dal)*
- *1 Stück frischer Ingwer (ca. 3 cm)*
- *1 TL gemahlener Kurkuma*
- *Salz*
- *3 EL Ghee (Butterschmalz, ersatzweise Öl)*
- *1 TL Kreuzkümmelsamen*
- *1/4 TL Chilipulver*
- *1 TL gemahlener Koriander*
- *3–4 Stängel frischer Koriander*

ZUBEREITUNGSZEIT: 15 MIN.
GARZEIT: 20 MIN.
PRO PORTION ETWA: 937 KJ/224 KCAL

1 Die roten Linsen mit 1 l Wasser in einem Topf zum Kochen bringen. Den Ingwer schälen, fein reiben und mit Kurkuma und reichlich Salz zu den Linsen geben. Die Linsen bei mittlerer Hitze in 10 Min. weich kochen. Dann den Topf vom Herd nehmen.

2 Das Ghee in einer Pfanne bei mittlerer Hitze erwärmen. Den Kreuzkümmel, das Chilipulver und den gemahlenen Koriander darin 1 Min. unter ständigem Rühren anbraten. Die Gewürze zu den Linsen geben und gut untermischen.

3 Den frischen Koriander waschen, die Blätter abzupfen, fein hacken und kurz vor dem Servieren über die Linsen streuen. Als Beilage passt Reis oder auch dünnes indisches Fladenbrot oder Weißbrot.

! **INFOS:** Die milden roten Linsen haben eine kurze Garzeit und werden beim Kochen gelblich.
Frischen Koriander bekommen Sie in fast allen asiatischen Geschäften.

SCHARFES PFANNENGEMÜSE

➤ **indonesisch**

Scharfmacher ist die rote Curry-Paste

Zutaten für 4 Personen:

- *200 g grüne Bohnen*
- *1 kleine grüne Paprikaschote*
- *1 kleine rote Paprikaschote*
- *200 g Möhren*
- *200 g Zucchini*
- *3 mittelgroße Zwiebeln*
- *1 Knoblauchzehe*
- *3 EL Öl*
- *1 TL Garnelenpaste*
- *2 TL rote Thai-Curry-Paste (Seite 19)*
- *Salz*

ZUBEREITUNGSZEIT: 40 MIN.
GARZEIT: 20 MIN.
PRO PORTION ETWA: 514 KJ/123 KCAL

1 Die Bohnen waschen, Stielansätze und Spitzen abschneiden. Bohnen 5 Min. in kochendem Wasser vorgaren, abtropfen lassen und in 4 cm lange Stücke schneiden. Die Paprikaschoten waschen, von Kernen, Trennwänden und Stielansätzen befreien und in Streifen schneiden. Möhren schälen, längs halbieren und in dünne Scheiben schneiden. Die Zucchini waschen, Stiel und Blütenansätze entfernen, die Früchte längs halbieren und in dünne Scheiben schneiden.

2 Die Zwiebeln schälen und kleinschneiden, Knoblauch schälen und zerdrücken.

3 Das Öl in einem Wok oder in einer großen Pfanne erhitzen, Zwiebeln, Knoblauch und Garnelenpaste darin anbraten, bis die Zwiebeln weich sind.

4 Das geschnittene Gemüse untermischen und bei mittlerer Hitze 3 Min. braten. Die Thai-Curry-Paste hineingeben, gut umrühren und 15 Min. bei schwacher Hitze schmoren lassen.

5 Das Gemüsecurry mit Salz abschmecken und warm servieren. Dazu passen thailändischer Duftreis oder Nudeln.

PUTEN-BAMBUS-CURRY

➤ **thailändisch**

Südsee-Feeling auf Asiatisch

Zutaten für 4 Personen:

- *500 g Putenbrustfilet*
- *400 g Bambussprossen in Scheiben (aus der Dose)*
- *100 g Lauch*
- *100 g Möhren*
- *1 rote oder grüne Paprikaschote*
- *2–3 frische Zitronenblätter*
- *6 EL Öl*
- *2 TL rote Thai-Curry-Paste (Seite 19, oder Fertigmischung)*
- *1 EL Erdnussbutter*
- *400 ml Kokosmilch (aus der Dose)*
- *Salz*

ZUBEREITUNGSZEIT: 30 MIN.
GARZEIT: 30 MIN.
PRO PORTION ETWA: 1422 KJ/340 KCAL

1 Das Putenbrustfilet in dünne Streifen schneiden. Die Bambussprossen abtropfen lassen und beiseite stellen. Den Lauch putzen, längs halbieren, waschen und schräg in 1/2 cm dünne Scheiben schneiden. Die Möhren waschen, schälen, schräg in dünne Scheiben, dann in dünne Streifen schneiden. Die Paprikaschoten waschen, halbieren, putzen und in dünne Streifen schneiden. Die Zitronenblätter waschen, trockentupfen, von den mittleren Blattrippen abtrennen und in hauchdünne Streifen schneiden.

2 4 EL Öl in einem Topf erhitzen, das Fleisch darin kurz anbraten, herausnehmen und beiseite stellen. 2 EL Öl erhitzen, die Currypaste darin bei mittlerer Hitze 1 Min. anrösten. Die Erdnussbutter einrühren und 1 Min. rösten, bis sie schmilzt. Die Kokosmilch und die halbe Menge Zitronenblätter einrühren und alles zugedeckt 10 Min. bei schwacher Hitze köcheln lassen.

3 Lauch, Möhren, Bambus, Fleisch und Paprika in die Kokosmilch geben, vorsichtig mischen und 10 Min. köcheln lassen. Salzen und mit restlichen Zitronenblättern garnieren. Dazu passt thailändischer Duftreis.

TIPP: Statt Putenfleisch können Sie auch ausgelöste Hühnerbrust verwenden.

MUNGLINSENCURRY

➤ indisch

Linseneintopf auf Indisch

Zutaten für 4 Personen:

- *1 Zwiebel*
- *1 Stück frischer Ingwer (etwa 3 cm)*
- *2 Knoblauchzehen*
- *2 EL Ghee (Butterschmalz, ersatzweise Öl)*
- *2 TL Curry aus Indien (Seite 18)*
- *200 g Munglinsen (Moong Dal)*
- *Salz*
- *150 g tiefgekühltes Suppengemüse*
- *1/2 TL Garam Masala*

ZUBEREITUNGSZEIT: 15 MIN.
GARZEIT: 20 MIN.
PRO PORTION ETWA: 903 KJ/216 KCAL

1 Die Zwiebel schälen und kleinschneiden. Den Ingwer schälen und fein reiben. Die Knoblauchzehen schälen und durch die Presse drücken.

2 Das Ghee in einem Topf erhitzen, Zwiebel, Ingwer und Knoblauch darin bei mittlerer Hitze anbraten, bis die Zwiebel goldbraun ist. Curry untermischen und unter Rühren 2 Min. anbraten.

3 Die Munglinsen untermischen und 1 Min. anbraten. Die Linsen mit 800 ml Wasser aufgießen und salzen.

4 Die Linsen bei halb offenem Deckel 10 Min. bei mittlerer Hitze kochen lassen. Das Gemüse unterrühren und alles zugedeckt bei schwacher Hitze in 10 Min. weich köcheln lassen. Ab und zu umrühren. Vor dem Servieren Garam Masala darüber streuen. Dazu passen Basmatireis, indisches Fladenbrot oder Weißbrot sowie pikante Pickles und Chutneys.

! **INFO:** Munglinsen – geschälte und halbierte Mungbohnen – sind leicht bekömmlich und einfach zuzubereiten.

HUHN IN MANDELSAUCE

➤ **indisch, aus Kashmir**

Wie aus Tausendundeiner Nacht

Zutaten für 4 Personen:

- *800 g Hühnerbrustfilet (oder Putenbrustfilet)*
- *6 Zwiebeln*
- *4 Knoblauchzehen*
- *1 Stück frischer Ingwer (ca. 3 cm)*
- *3 EL Ghee (Butterschmalz, ersatzweise Öl)*
- *4 Gewürznelken*
- *4 Zimtrinden (5 cm lang)*
- *6 grüne Kardamomkapseln*
- *4 TL Curry aus Indien (Seite 18)*
- *Salz*
- *3 EL gemahlene, gehäutete Mandeln*
- *2 EL Mandelblättchen*

ZUBEREITUNGSZEIT: 30 MIN.
GARZEIT: 30 MIN.
PRO PORTION ETWA: 1580 KJ/378 KCAL

1 Das Hühnerbrustfilet in 1,5 cm dicke Streifen schneiden. Zwiebeln schälen, halbieren und in dünne Scheiben schneiden. Knoblauch schälen und durch die Presse drücken, Ingwer schälen und fein reiben.

2 Das Ghee in einem Topf bei mittlerer Temperatur erhitzen. Die Zwiebeln darin in 10 Min. dunkelbraun schmoren. Dabei ständig rühren, damit sie gleichmäßig angebraten werden. Knoblauch und Ingwer untermischen und 1 Min. anrösten. Nelken, Zimtrinden und Kardamomkapseln dazugeben und 1 Min. mitbraten.

3 Hähnchenteile einlegen und unter ständigem Rühren 2 Min. mitbraten. Currymischung und Salz gut unterrühren.

4 Gemahlene Mandeln und 1/4 l heißes Wasser nach und nach dazugeben, umrühren. Aufkochen und bei schwacher Hitze 15 Min. zugedeckt köcheln lassen, bis das Fleisch weich ist. Dabei ab und zu umrühren. Kurz vor dem Servieren mit Mandelblättchen und eventuell Korianderblättern garnieren.

! **TIPP:** Das Curry wird milder, wenn Sie mit den gemahlenen Mandeln zusätzlich 3 EL gemahlene Cashewkerne dazugeben.

GEBRATENE NUDELN MIT GEMÜSE

➤ **indonesisch**

Bami Goreng auf Indonesisch

Zutaten für 4 Personen:

- *250 g Mie-Nudeln*
- *1 mittelgroße Zwiebel*
- *1 Knoblauchzehe*
- *1/2 Stange Lauch*
- *3 Möhren*
- *1 Zucchino*
- *4 EL Erdnussöl*
- *1/2 TL gemahlener Kurkuma*
- *1 TL gemahlener Koriander*
- *250 g junge Maiskolben (aus der Dose)*
- *150 g frische Sojasprossen*
- *2 EL helle Sojasauce*
- *Salz*
- *1 TL Sambal Oelek*

ZUBEREITUNGSZEIT: 30 MIN.
GARZEIT: 20 MIN.
PRO PORTION ETWA: 1789 KJ/428 KCAL

1 Die Mie-Nudeln in lauwarmem Wasser 30 Min. einweichen, dann auseinander ziehen und mit kaltem Wasser abspülen. Gut abtropfen lassen und beiseite stellen.

2 Die Zwiebel schälen und klein würfeln. Die Knoblauchzehe schälen und fein hacken. Den Lauch putzen, längs aufschneiden, gründlich waschen und in 1 cm breite Ringe schneiden. Die Möhren schälen und in dünne Scheiben schneiden. Den Zucchino waschen, schälen, längs halbieren und in dünne Scheiben schneiden.

3 Das Erdnussöl in einem Topf oder Wok erhitzen. Die Zwiebelwürfel darin goldbraun anbraten. Lauch, Möhren und Zucchino dazugeben und alles unter ständigem Rühren 2 Min. anbraten. Kurkuma, Koriander und Knoblauch untermischen und 1 Min. anbraten.

4 Nudeln, Maiskolben, Sojasprossen, Sojasauce, Salz und Sambal Oelek unterrühren und alles 5 Min. schmoren lassen. Sofort servieren.

! **INFO:** Mie-Nudeln – asiatische Weizennudeln – sind mit und ohne Ei erhältlich.

Curry aus Indien

Zutaten für etwa 100 g Curry:
3 TL Koriandersamen • 4 getrocknete Chilischoten • 1 TL schwarze Senfkörner • 2 TL Kreuzkümmelsamen • 1 TL schwarze Pfefferkörner • 1 TL Bockshornkleesamen • 20 getrocknete Curryblätter • 2 EL gemahlener Kurkuma

Alle Gewürze außer Kurkuma in einer elektrischen Kaffeemühle fein mahlen. Eine Alternative zur Kaffeemühle ist der Blitzhacker, ein Mixer oder ein Mörser. Die Gewürze in eine Schüssel geben und den Kurkuma gut untermischen. Das Currypulver in ein lichtgeschütztes Gefäß geben und gut verschließen.
Diese Currymischung eignet sich sehr gut für die Zubereitung von Gemüsegerichten. Sie ist als Fertigmischung unter der Bezeichnung »Madrascurry« im Asienladen erhältlich.

Curry aus Sri Lanka

Zutaten für etwa 250 g Curry:
100 g Koriandersamen • 50 g Kreuzkümmelsamen • 1 TL Fenchelsamen• 1/2 TL Bockshornkleesamen • 1 Zimtstange • 1/2 TL Gewürznelken • 1/2 TL Kardamomsamen • 1 EL getrocknete Curryblätter • 1 TL Chilipulver

Koriander, Kreuzkümmel, Fenchel und Bockshornklee in einer kleinen Pfanne bei mittlerer Hitze unter Rühren anrösten, bis die Gewürze braun sind. Dann abkühlen lassen. Alle Gewürze außer Chilipulver in einer Kaffeemühle fein mahlen und in eine Schüssel geben, dann Chilipulver untermischen. Curry in ein lichtgeschütztes Gefäß füllen und luftdicht verschließen.
Dieser Curry eignet sich zum Würzen von Fleisch-, Geflügel- und Fischgerichten. Als Ersatz können Sie ceylonesischen Curry als Fertigmischung kaufen.

Rote Thai-Curry-Paste

Zutaten für etwa 300 g Paste:
4–6 frische rote Chilischoten (gehackt) • 2 kleine Zwiebeln (gehackt) • 3 Knoblauchzehen (gepresst) • 2 frische Zitronenblätter (kleingeschnitten) • 1 Stängel Zitronengras (fein gehackt) • 1 TL gemahlener schwarzer Pfeffer • 2 TL gemahlener Kreuzkümmel • 1 TL gemahlener Koriander • 3 EL edelsüßes Paprikapulver • 2 EL frische Korianderblätter • 1 TL gemahlener Ingwer • 2 TL Garnelenpaste • 1 TL Salz • 6 EL Öl

Alle Zutaten mit 3 EL Wasser im Mixer fein pürieren. In einem verschließbaren Glas hält sich die Paste 1–2 Wochen im Kühlschrank. Sie eignet sich vor allem für Wokgerichte mit Nudeln oder Gemüse und ist im Asienladen auch als Fertigprodukt erhältlich.

Pikante Gewürzpaste

Zutaten für etwa 350 g Paste:
4 große Zwiebeln • 1 Stück frischer Ingwer (ca. 6 cm) • 5 Tomaten • 4 frische Chilischoten • 6 EL Weißweinessig

Die Zwiebeln schälen und in Würfel schneiden. Den Ingwer und den Knoblauch schälen und klein hacken. Die Tomaten und die Chilies waschen, die Stielansätze entfernen. Die Tomaten vierteln. Alle Zutaten in einem Mixer zu einer feinen Paste pürieren. In ein verschließbares Gefäß füllen und kühl aufbewahren. Die Paste hält sich etwa 3 Wochen im Kühlschrank.
Die Gewürzpaste eignet sich gut für die Zubereitung verschiedener Fleisch- und Gemüsegerichte. Als Ersatz können Sie Rogan-Josh-Paste im Asienladen kaufen.

LAMMFLEISCHTOPF

➤ **indisch**

Ein Festtagscurry

Zutaten für 4 Personen:

- *800 g Lammfleisch ohne Knochen (Schulter oder Keule)*
- *5 EL Öl*
- *4 grüne Kardamomkapseln*
- *5 Gewürznelken*
- *3 Lorbeerblätter*
- *8 schwarze Pfefferkörner*
- *4 Zimtrinden (3 cm lang)*
- *5 EL pikante Gewürzpaste (Seite 19)*
- *6 EL Joghurt (3,5 % Fett)*
- *1 EL Tomatenmark*
- *1 EL Bockshornkleeblätter (Kasuri Methi)*
- *Salz*
- *1/2 TL Garam Masala*

ZUBEREITUNGSZEIT: 40 MIN.
GARZEIT: 50 MIN.
PRO PORTION ETWA: 2509 KJ/600 KCAL

1. Das Fleisch von Fett und Sehnen befreien und in 2 cm große Würfel schneiden.

2. Das Öl in einem Topf erhitzen. Das Fleisch nach und nach kräftig darin anbraten und auf einem Teller beiseite stellen.

3. Kardamom, Nelken, Lorbeerblätter, Pfefferkörner und Zimtrinden in das Öl geben und kurz anbraten.

4. Die Gewürzpaste hinzufügen und 1 Min. anbraten, dabei ständig rühren. Joghurt, Tomatenmark und Bockshornkleeblätter dazugeben und wieder unter ständigem Rühren 1 Min. anbraten.

5. Das Fleisch wieder in den Topf geben, salzen und alles gut vermischen. Mit 300 ml Wasser aufgießen und bei mittlerer Hitze zum Kochen bringen. Das Fleisch zugedeckt bei schwacher Hitze 40 Min. garen. Zwischendurch umrühren, damit das Fleisch nicht anbrennt. Zum Schluss Garam Masala darüber streuen. Dazu passen Basmatireis, Papadams (Linsenfladen) aus dem Asienladen und pikant-würzige Pickles.

INDISCHES FISCHCURRY

➤ **indisch**

Fisch, scharf und aromatisch – gewürzt mit Chili und Ingwer

Zutaten für 4 Personen:

- *600 g Fischfilet (z.B. Lachsforelle, Kabeljau, Goldbarsch, Seelachs)*
- *Salz*
- *1 1/2 TL gemahlener Kurkuma*
- *3 Zwiebeln*
- *2 Knoblauchzehen*
- *1 Stück frischer Ingwer (etwa 1 1/2 cm)*
- *3 Tomaten*
- *2 frische Chilischoten*
- *3 EL Öl*
- *2 Lorbeerblätter*
- *1/2 TL gemahlener Kreuzkümmel*
- *2 EL Joghurt (3,5 % Fett)*
- *1 TL Garam Masala*

ZUBEREITUNGSZEIT: 30 MIN.
GARZEIT: 20 MIN.
PRO PORTION ETWA: 786 KJ/188 KCAL

1 Den Fisch waschen, trockentupfen und in 6 cm große Stücke schneiden. Die Fischstücke mit 1/2 TL Salz und 1/2 TL Kurkuma bestreuen und auf einem Teller beiseite stellen.

2 Zwiebeln und Knoblauch schälen und fein hacken. Ingwer schälen und fein reiben. Tomaten und Chilischoten waschen und die Stielansätze entfernen. Die Tomaten vierteln und die Chilies einritzen.

3 In einem breiten Topf das Öl erhitzen, Lorbeerblätter kurz darin anbraten. Die Zwiebeln dazugeben und dunkelbraun anbraten. Unter Rühren Ingwer, Knoblauch, Chilischoten, 1 TL Kurkuma und Kreuzkümmel dazugeben und 2 Min. mitbraten. Tomaten und Joghurt untermischen, mit 150 ml Wasser aufgießen und zum Kochen bringen.

4 Wenn die Sauce zu kochen beginnt, die Hitze reduzieren, die Sauce salzen und Fischstücke vorsichtig einlegen, gut mit Sauce bedecken. Zugedeckt bei schwacher Hitze 10 Min. garen. Die Fischstücke vorsichtig wenden, damit sie nicht brechen. Mit Garam Masala bestreuen.

! **VARIANTE:** In dieses Curry passen auch Kartoffeln. 3 mittelgroße Kartoffeln schälen und in dünne Scheiben schneiden. Mit den geviertelten Tomaten untermischen, alles 5 Min. köcheln lassen, dann den Fisch einlegen.

GARNELENCURRY

➤ **indonesisch**

Süß-scharfe Kombination mit exotischem Flair

Zutaten für 4 Personen:

- *800 g gegarte und geschälte Tiefseegarnelen*
- *4 EL Kokosöl*
- *3 EL Erdnussbutter*
- *2 EL Garnelenpaste*
- *1 TL Sambal Oelek*
- *165 ml Kokosmilch (aus der Dose)*
- *2 EL süße Sojasauce (Kecap Manis)*
- *Salz*
- *3 EL Limettensaft oder Zitronensaft*

ZUBEREITUNGSZEIT: 20 MIN.
GARZEIT: 20 MIN.
PRO PORTION ETWA: 1543 KJ/369 KCAL

1 Tiefgekühlte Garnelen bei Zimmertemperatur auftauen lassen.

2 3 EL Kokosöl in einer Pfanne erhitzen, die Erdnussbutter darin schmelzen lassen. Die Garnelenpaste dazugeben und 1 Min. bei mittlerer Hitze anbraten. Sambal Oelek, Kokosmilch, süße Sojasauce und Salz dazugeben. Alles gut vermischen und zum Kochen bringen.

3 Die aufgetauten Garnelen einlegen und bei schwacher Hitze zugedeckt 10 Min. schmoren lassen.

4 Das Garnelencurry kurz vor dem Servieren mit dem Limetten- oder Zitronensaft und 1 EL Kokosöl beträufeln. Dazu passen thailändischer Duftreis oder Nudeln.

INFO: Kokosöl erstarrt bei Zimmertemperatur. Stellen Sie den Behälter zum Verflüssigen in lauwarmes Wasser.

RINDFLEISCHCURRY

➤ aus Sri Lanka

Für Fleischliebhaber: exotisch gewürztes Rind

<u>*Zutaten für 4 Personen:*</u>

- *800 g Rindfleisch*
- *1 große Zwiebel*
- *3 Knoblauchzehen*
- *1 Stück frischer Ingwer (ca. 3 cm)*
- *3 Tomaten*
- *1 frische Chilischote*
- *3 EL Öl*
- *2 EL Curry aus Sri Lanka (Seite 18)*
- *1 TL gemahlener Kurkuma*
- *1 1/2 TL schwarze Senfkörner*
- *Salz*
- *1 EL Essig*

ZUBEREITUNGSZEIT: 30 MIN.
GARZEIT: 1 STD. 30 MIN.
PRO PORTION ETWA: 1183 KJ/283 KCAL

1 Das Fleisch in 4 cm lange und 1/2 cm breite Streifen schneiden. Die Zwiebel und den Knoblauch schälen und fein hacken. Den Ingwer schälen und fein reiben. Die Tomaten und die Chilischote waschen und die Stielansätze entfernen. Die Tomaten vierteln, die Chilischote in 3–4 Stücke teilen.

2 In einer Pfanne das Öl erhitzen, Zwiebel, Knoblauch und Ingwer darin anbraten, bis alles leicht gelblich ist. Curry, Kurkuma und Senfkörner untermischen und bei schwacher Hitze 2 Min. anrösten.

3 Salz und Essig unterrühren. Das Fleisch einlegen und unter ständigem Rühren anbraten, bis es mit den Gewürzen überzogen ist.

4 Tomaten und Chilischote untermischen und alles bei schwacher Hitze 1 Std. 30 Min. zugedeckt schmoren lassen. Dazu passt weißer Reis.

INFO: Chilischoten können aufgrund ihrer Schärfe zu Reizungen führen. Deshalb bei der Verarbeitung Gummihandschuhe tragen oder anschließend die Hände waschen. Chilipulver beim Würzen nicht in die Augen bringen.

HÄHNCHENCURRY

➤ indisch

Ein Curry-Klassiker mit leichter Schärfe

Zutaten für 4 Personen:

- *1 frisches Hähnchen, küchenfertig vorbereitet (etwa 1 kg)*
- *300 g Kartoffeln*
- *4 EL Öl*
- *1 Zimtrinde (6 cm)*
- *2 grüne Kardamomkapseln*
- *2 Gewürznelken*
- *2 Lorbeerblätter*
- *5 TL Curry aus Indien (Seite 18)*
- *2 TL Tomatenmark*
- *Salz*
- *1 1/2 EL Bockshornkleeblätter (Kasari Methi)*
- *2 TL Garam Masala*

ZUBEREITUNGSZEIT: 30 MIN.
GARZEIT: 35 MIN.
PRO PORTION ETWA: 1844 KJ/441 KCAL

1 Das Huhn innen und außen waschen, häuten und in servierfertige Portionen schneiden. Die Kartoffeln waschen, schälen und in mittelgroße Würfel schneiden.

2 Das Öl in einem großen Topf bei mittlerer Temperatur erhitzen. Zimtrinde, Kardamom, Nelken und Lorbeerblätter darin 1 Min. braten. Die Currymischung dazugeben, alles gut vermischen und 2 Min. anbraten.

3 Das Hähnchenfleisch und das Tomatenmark in den Topf geben und 5 Min. unter Rühren anbraten. Mit 1/2 l Wasser aufgießen, salzen und die Bockshornkleeblätter untermischen.

4 Alles zum Kochen bringen, dabei die Hähnchenteile wenden, damit sie gleichmäßig mit der Sauce überzogen werden. Nach 10 Min. die Kartoffeln dazugeben und bei schwacher Hitze 15 Min. köcheln lassen, bis das Fleisch weich ist. Zwischendurch umrühren. Kurz vor dem Servieren Garam Masala darüber streuen. Mit Basmatireis, Pickles oder Chutneys servieren. Auch Papadams (Linsenfladen) oder Fladenbrot passen dazu.

FISCH MIT TAMARINDE

➤ **aus Sri Lanka**

Der fruchtig säuerliche Geschmack der Tamarinde macht dieses Fischcurry so besonders

Zutaten für 4 Personen:

- *600 g Fischfilet (z. B. Kabeljau, Scholle, Seelachs, Rotbarsch)*
- *2 Zwiebeln*
- *3 kleine Knoblauchzehen*
- *1 EL Tamarindenpaste*
- *3 TL Curry aus Sri Lanka (Seite 18)*
- *Salz*
- *1/2 TL gemahlener Kurkuma*
- *4 EL Öl*
- *1/4 TL Bockshornkleesamen (Methi)*
- *10 frische oder getrocknete Curryblätter (nach Belieben)*

ZUBEREITUNGSZEIT: 30 MIN.
GARZEIT: 15 MIN.
PRO PORTION ETWA: 836 KJ/200 KCAL

1. Den Fisch waschen, trockentupfen und in nicht zu kleine Stücke schneiden. Zwiebeln und Knoblauch schälen und fein hacken.

2. Die Tamarindenpaste in 1/8 l warmem Wasser auflösen. Currymischung, Salz und Kurkuma dazugeben und alles gut vermischen. Den Fisch einlegen und etwa 15 Min. marinieren.

3. In einer Pfanne das Öl erhitzen, die Bockshornkleesamen kurz darin rösten. Zwiebeln und Knoblauch untermischen und bei mittlerer Hitze braten, bis die Zwiebeln goldbraun sind.

4. Den Fisch mit der Marinade dazugeben und offen bei schwacher Hitze 15 Min. ziehen lassen. Kurz vor dem Servieren nach Belieben mit Curryblättern bestreuen. Mit Basmatireis servieren.

INFO: Tamarinde gibt dem Gericht einen leicht säuerlichen Geschmack. Sie ist in Asienläden als Paste oder gepresstes Päckchen erhältlich.

DIE ORIGINALZUTATEN

Asienläden bieten die Originalzutaten für Currygerichte. Vieles gibt es auch in gut sortierten Supermärkten zu kaufen.

Bockshornklee : Man verwendet die hellbraunen Samen (Methi) und die grünen Blätter (Kasari Methi).
Chilischoten (7): gibt es frisch, getrocknet und als Pulver. Sie sind sehr scharf!
Curryblätter (5): aus Südindien werden meist getrocknet, aber auch frisch angeboten.
Fünfgewürzmischung (4): Die indische Variante heißt Panch Foron und besteht aus Bockshornklee-, Fenchel-, Kreuzkümmel- und Zwiebelsamen sowie aus schwarzen Senfkörnern. Sie wird in Öl angebraten und zu vielen Gemüsecurries und Chutneys gegeben. Nicht mit der chinesischen Fünfgewürzmischung zu verwechseln!
Garam Masala: Diese Mischung aus gerösteten und gemahlenen Gewürzen wird erst am Ende der Kochzeit beigegeben.
Garnelenpaste: besteht aus getrockneten und gemahlenen Shrimps, Öl und Gewürzen.
Gewürznelken (6): sind getrocknete Blütenknospen.
Ghee: Indisches Butterschmalz, das durch normales Butterschmalz oder Öl ersetzt werden kann.
Grüner Kardamom: Im Handel werden die grünen Kapseln, die ausgelösten Samen und das fein gemahlene Pulver angeboten.
Ingwer: Die scharf-aromatische Wurzel wird frisch oder getrocknet als Pulver verwendet.
Koriander: In Asien werden nicht nur die Samen, sondern auch die Stängel, Wurzeln und Blätter verwendet.
Kreuzkümmel/Cumin: wird in fast allen indischen Speisen verwendet. Er wirkt verdauungsfördernd.
Kurkuma/Gelbwurz (1): ist von kräftig gelber Farbe und ein wichtiger Bestandteil des Currypulvers.
Paprikapulver: Indisches Paprikapulver ist relativ mild.
Sambal Oelek: Sehr scharfe Chilipaste aus Indonesien.
Schwarze Senfkörner: Schwarzer Senf ist wesentlich schärfer als gelber.
Sojasauce: Es gibt helle und dunkle Sojasauce, sowie eine süße, indonesische Art.
Zimt: Zimtrinde wird in Stücken von 5–10 cm Länge angeboten. Ihr Aroma ist intensiver als das von Zimtstangen.
Zitronenblätter (2): geben in Thaigerichten ein charakteristisches Aroma.
Zitronengras (3): Die scharfkantigen Halme haben ein zitronenähnliches Aroma.
Zwiebelsamen: sind kleine, tropfenförmige schwarze Samen.

Bezugsquelle:
SATHI
Postfach 1124
85609 Aschheim
Telefon und Fax: 0 89/9 03 04 55
Internetadresse: www.sathi.de

1
2
3
4
5
6
7

Impressum

➤ *Die Temperaturangaben* bei Gasherden variieren von Hersteller zu Hersteller. Welche Stufe Ihres Herdes der jeweils angegebenen Temperatur entspricht, entnehmen Sie bitte der Gebrauchsanweisung. Bei Elektroherden können die Backzeiten je nach Herd variieren.

Programmleitung: Doris Birk
Leitende Redakteurin: Birgit Rademacker
Redaktion: Sigrid Burghard
Lektorat: Linde Wiesner
Umschlag- und Innenlayout: independent Medien-Design
Fotos: Fotostudio Teubner
Herstellung: Bettina Häfele
Satz: EDV-Fotosatz Huber / Verlagsservice G. Pfeifer, Germering
XML-strukturiert
Reproduktionen: Penta Repro München
Druck und Bindung: Alcione
ISBN: 3-7742-6537-2

Auflage:	4.	3.	2.	1.
Jahr:	2007	2006	2005	2004

GRÄFE UND UNZER

Ein Unternehmen der
GANSKE VERLAGSGRUPPE